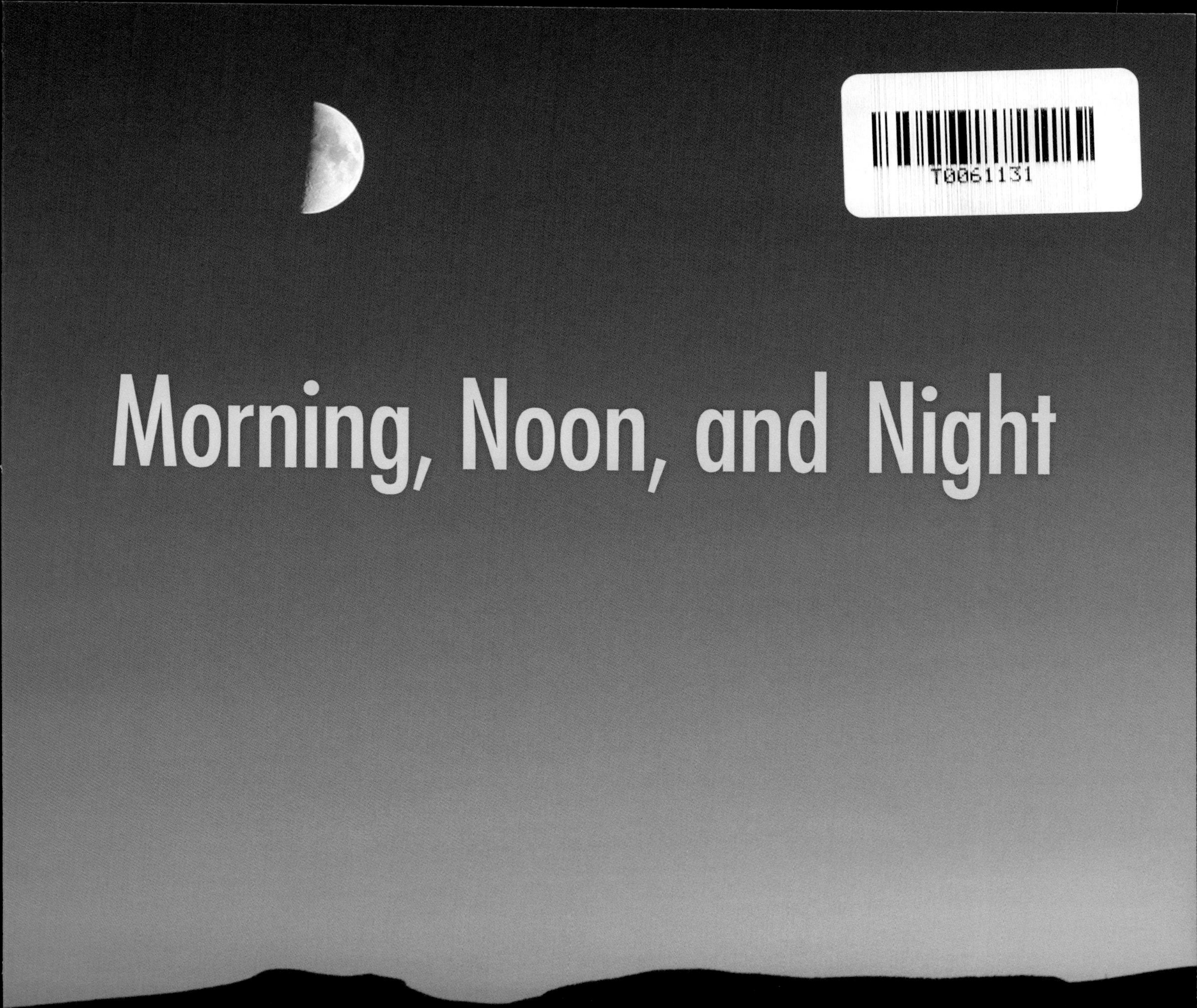

Morning, Noon, and Night

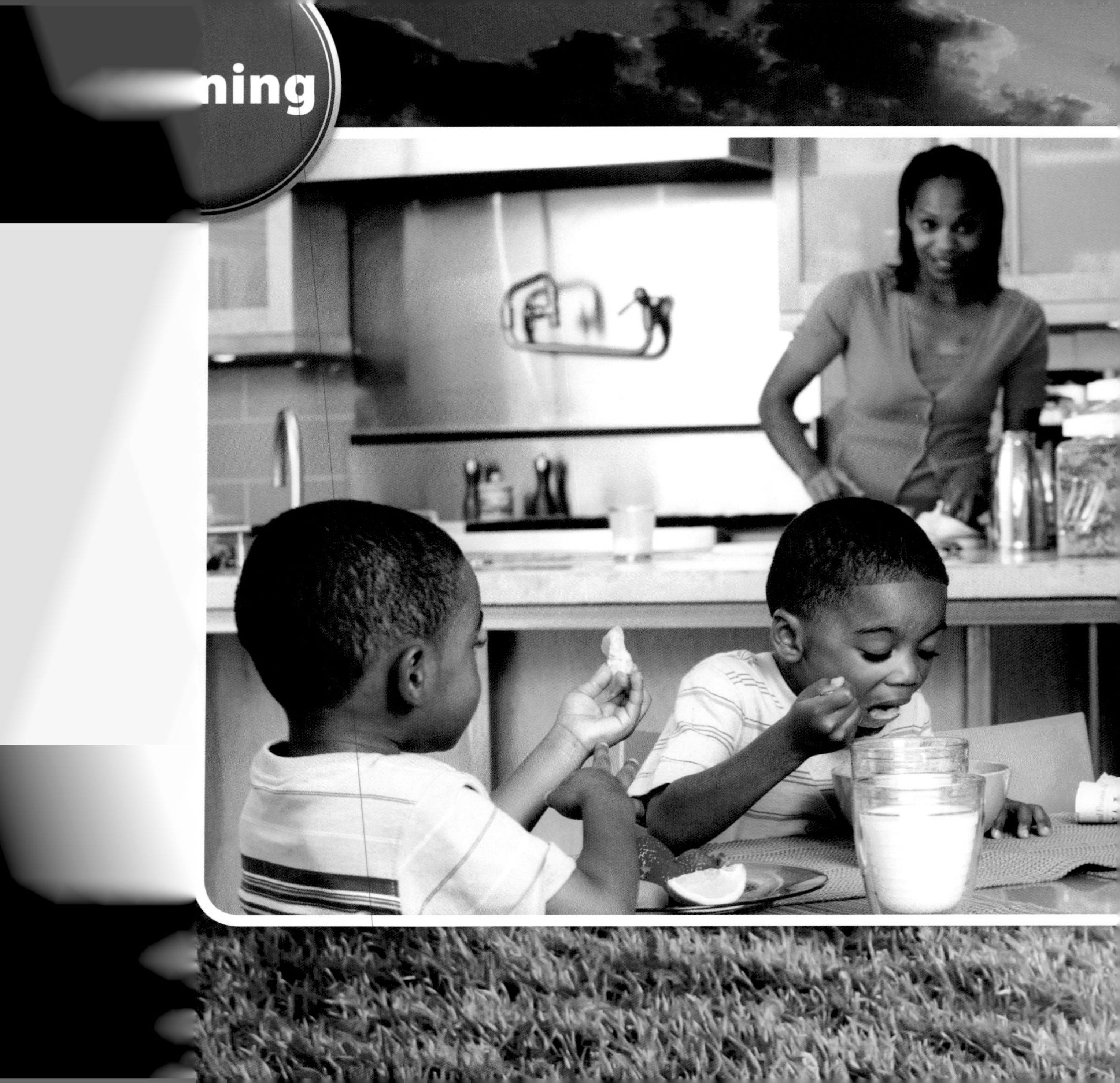
ning

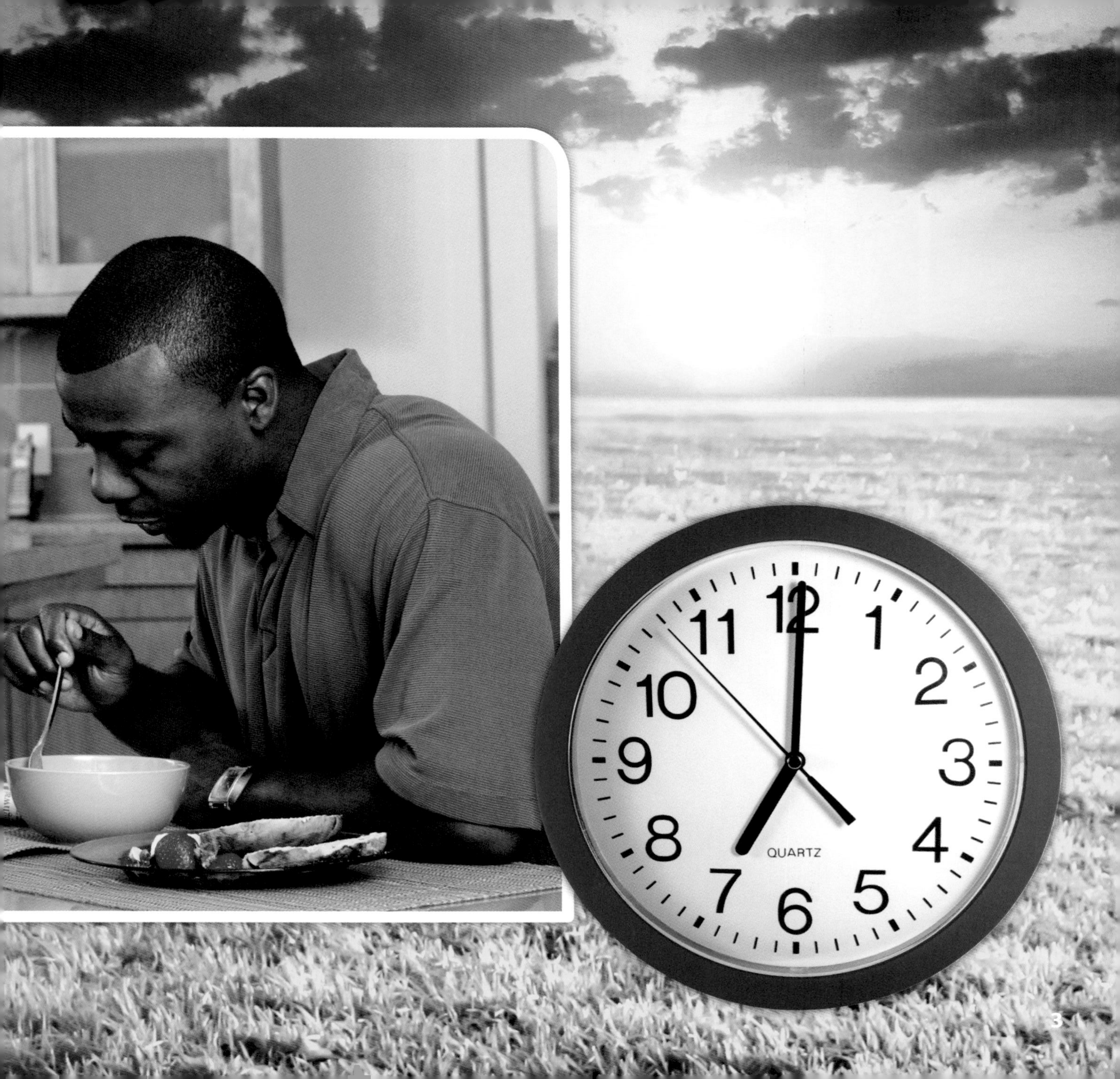
QUARTZ

noon

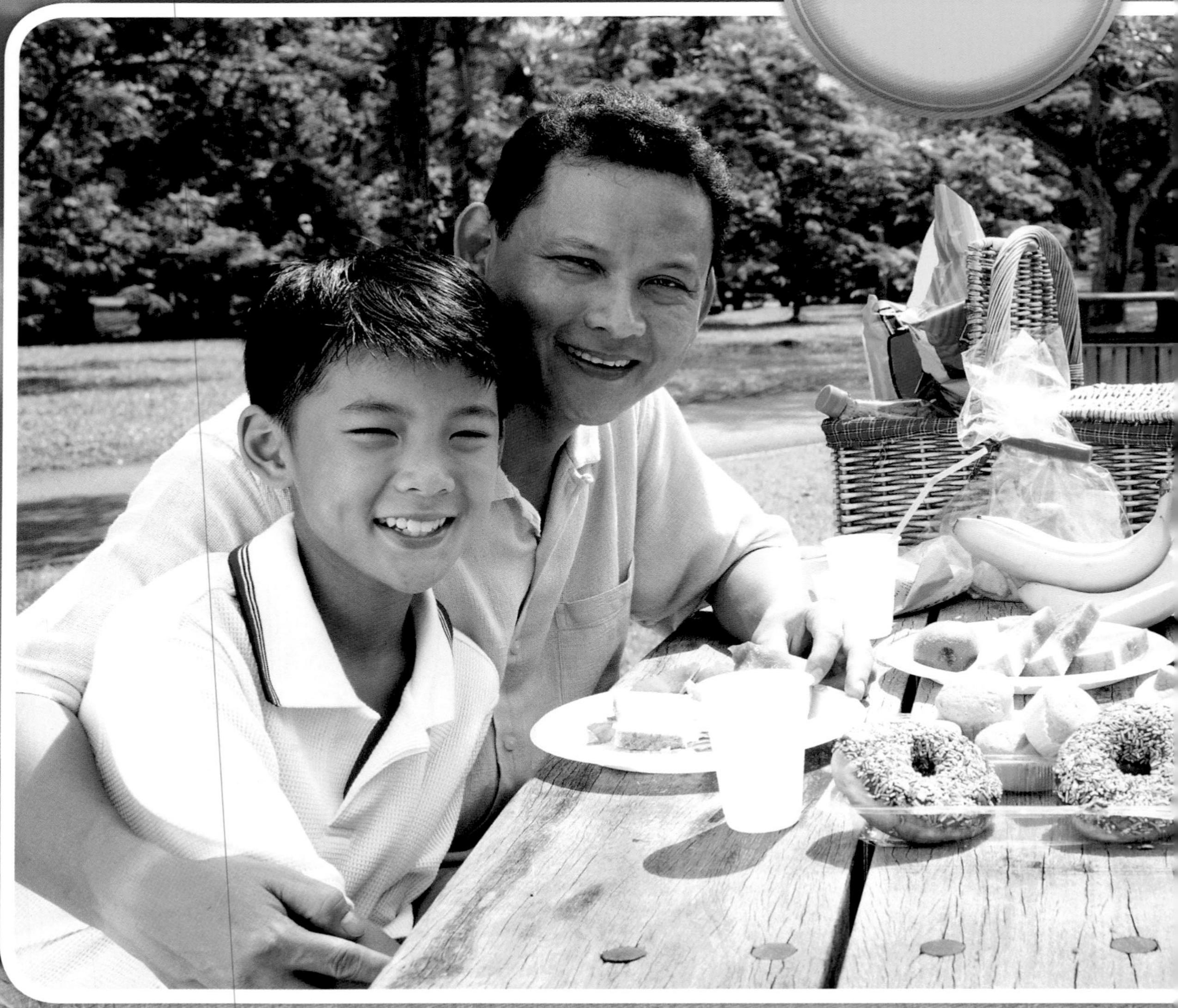

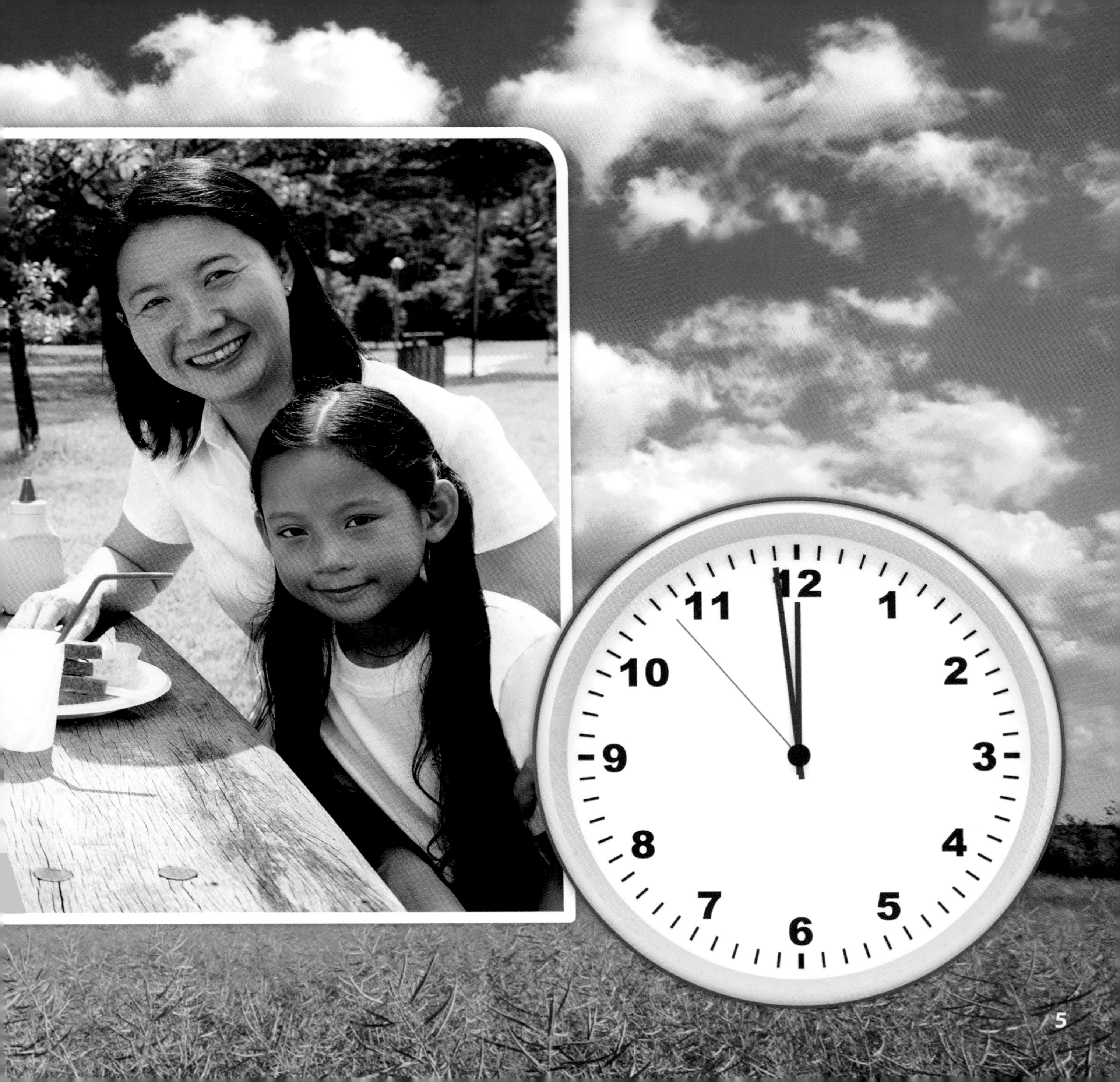

12
1
2
3
4
5
6
7
8
9
10
11

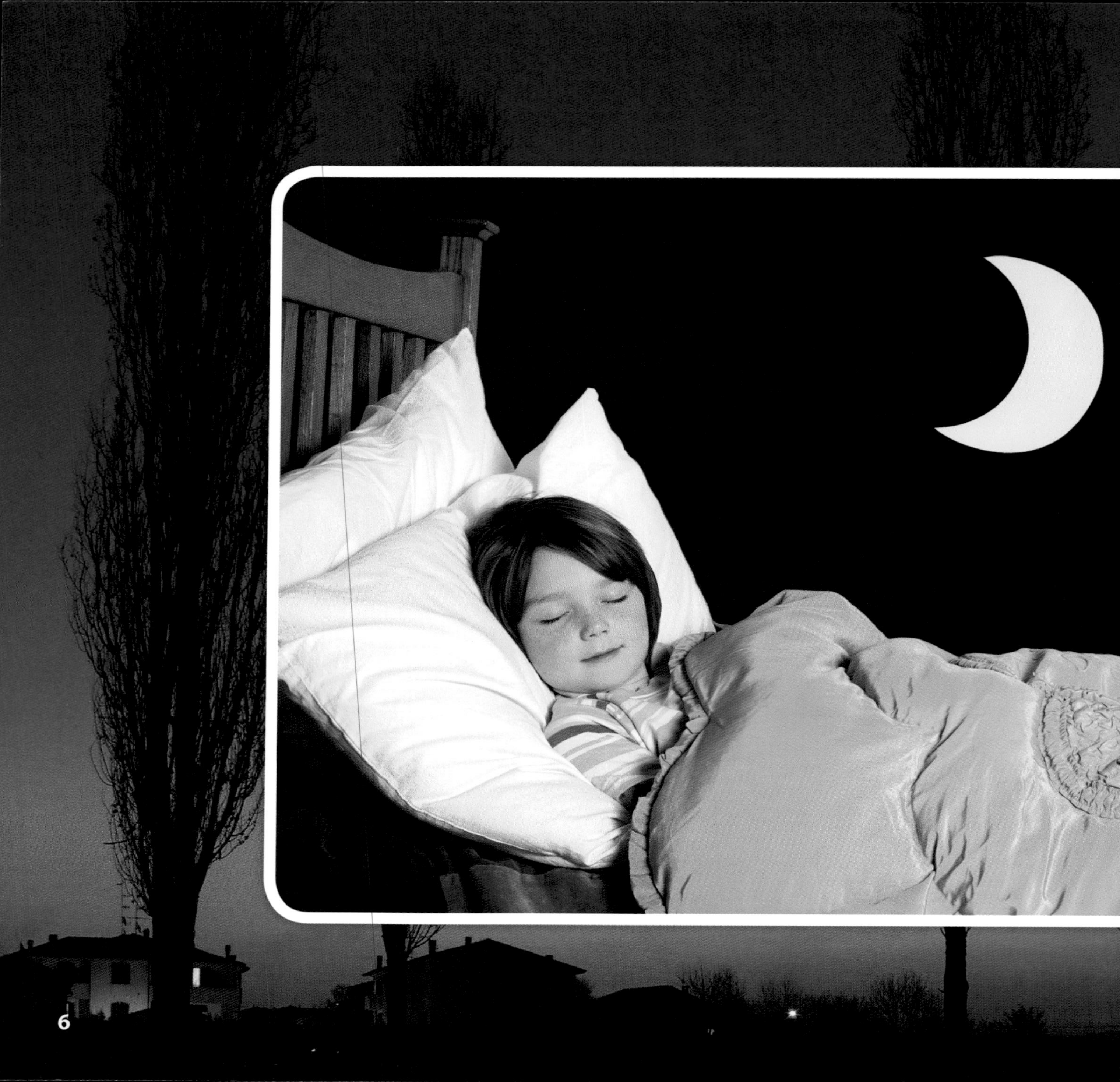

night

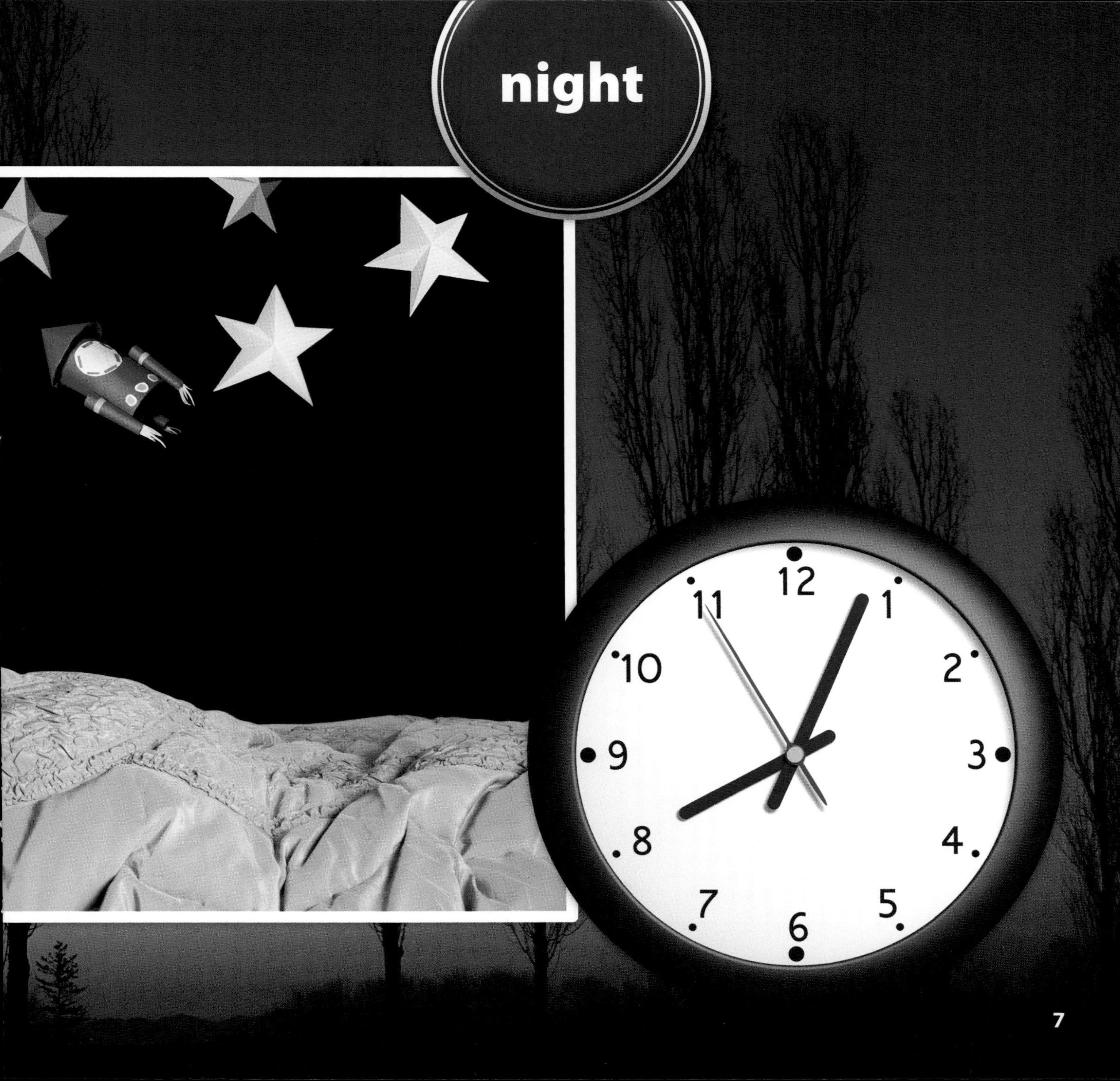

morning

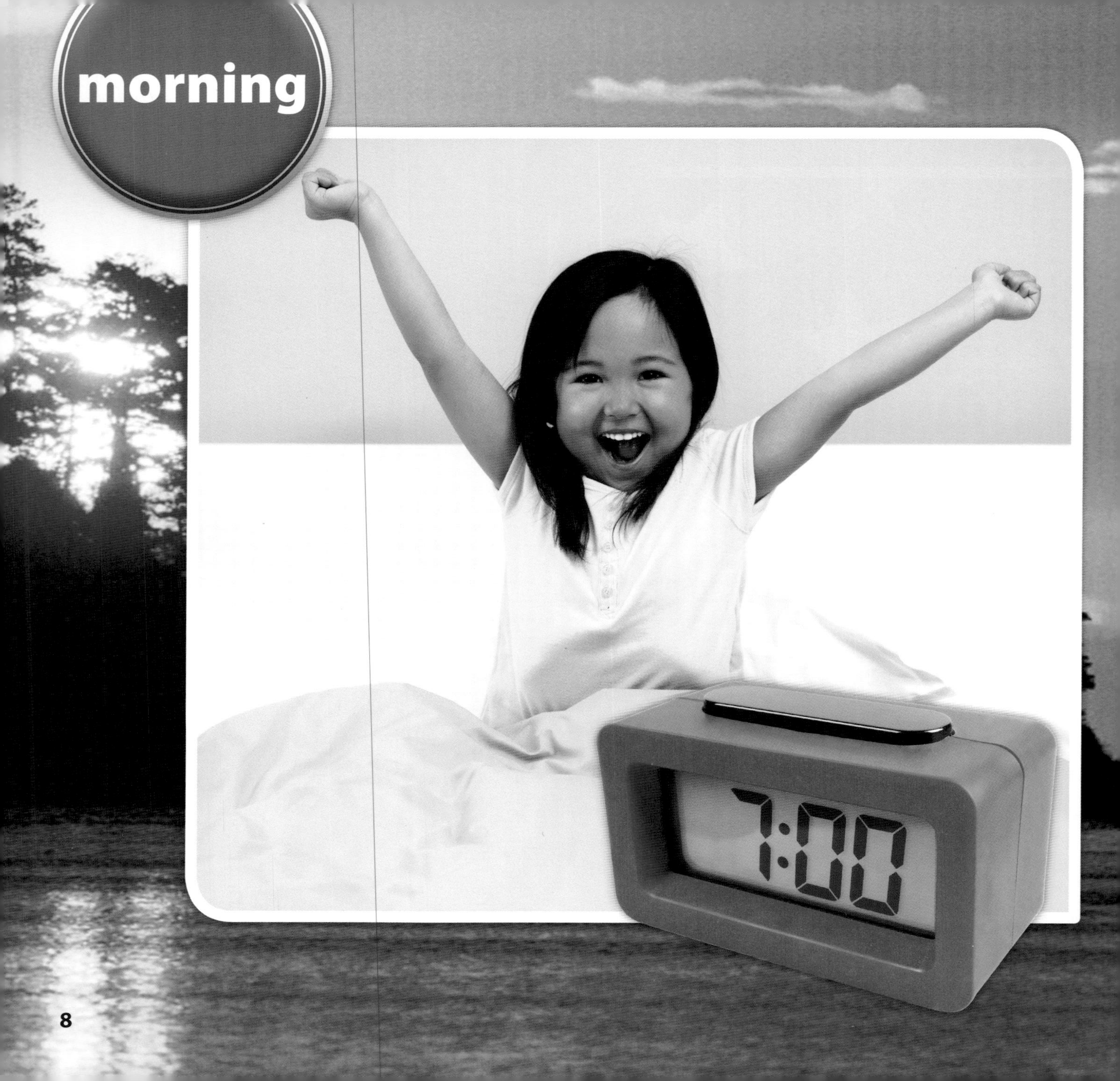